작은 것들이 주는 위로

작은 것들이 주는 위로

초판 1쇄 발행 2025년 8월 1일

지은이 Yeon
펴낸이 장현수
펴낸곳 메이킹북스
출판등록 제 2019-000010호

표지 디자인 장지연
디자인 홍규선
편집 홍규선
교정 안지은
마케팅 김소형

주소 서울특별시 구로구 경인로 661, 핀포인트타워 912-914호
전화 02-2135-5086
팩스 02-2135-5087
이메일 making_books@naver.com
홈페이지 www.makingbooks.co.kr

ISBN 979-11-6791-727-0(03810)
값 16,800원

ⓒ Yeon 2025 Printed in Korea

잘못된 책은 구입하신 곳에서 바꾸어 드립니다.
이 책의 전부 또는 일부 내용을 재사용하려면 사전에 저작권자와 펴낸곳의 동의를 받아야 합니다.

홈페이지 바로가기

메이킹북스는 저자님의 소중한 투고 원고를 기다립니다.
출간에 대한 관심이 있으신 분은 making_books@naver.com으로 보내 주세요.

찰나의 순간 불어온 바람이
나에게 토닥일 때

무심하던 내 마음속에도
꽃이 피기 시작했다.

작은 것들이
주는 위로

Yeon 지음

메이킹북스

목차

저자의 말　　　　　　　　　　　　　　8

아스라이 속삭임

- 아스라이 속삭임　　　　　　　　　　12
- 냄비 속 바지락　　　　　　　　　　　13
- 잔잔히 스며드는, 행복　　　　　　　　14
- 꽃들의 단짝　　　　　　　　　　　　16
- 이슥한 초여름의 사랑　　　　　　　　18
- 싸라기별　　　　　　　　　　　　　20
- 자박자박, 설렘　　　　　　　　　　　22
- 아롱아롱, 고요함　　　　　　　　　　23
- 알싹달콤, 물회　　　　　　　　　　　24

위하는 마음

- 꽃이 피기 시작했다   28
- 잊혀진 정   30
- 느루한 사랑   31
- 어떤 배려   32
- 흐뭇한 가로등   34
- 봄의 따순 사랑   35
- 해님이 비에게 양보하는 날   36
- 보드랍다   37
- 그때, 그러한 이유   38
- 용서   39
- 사랑하기 좋은 계절   40
- 눌변, 그 곰살스러움   41

그와 그녀의 감정

44   - 밭아
45   - 마음
46   - 우리, 눈높이가 같은 사이
48   - 오순도순 내 님
49   - 애정
50   - 청춘의 때
51   - 벗
52   - 외로움과 고독

치유와 자연

- 자연의 혼 — 56
- 시나브로 — 57
- 밤하늘, 별빛 한 줌 — 58
- 다독이다 — 59
- 한들한들 숨 쉬다 — 60
- 허허바다 — 62
- 모래알 — 63
- 은하 — 64
- 여유 — 66
- 치유 — 67

쉼

- 산공기 내음 — 70
- 사르르, 온기 — 71
- 바다와 꿈 — 72
- 무지개 — 73
- 애교 — 74
- 대지 — 75
- 조곤조곤히 다가오는 — 76
- 피어오름 — 78
- 고목나무 — 79

예스러운 것 혹은 그리움

- 힐끗하게, 우리의 멋　　　　　　　　　82
- 푸릇푸릇한　　　　　　　　　　　　83
- 청주　　　　　　　　　　　　　　　84
- 그들을 사랑한, 글　　　　　　　　　85
- 아가　　　　　　　　　　　　　　　86
- 아량　　　　　　　　　　　　　　　87
- 들크무레하다　　　　　　　　　　　88
- 찰나의 동경　　　　　　　　　　　　89
- 자크르하다　　　　　　　　　　　　90
- 마음의 존경　　　　　　　　　　　　91
- 삶의 지혜　　　　　　　　　　　　　92

저자의 말

정말로 우리에게 깊은 울림을 주는 것은
화려하고, 논리적인 언변이 아니다.
진실로 우리에게 깊은 소통이 되는 것은
언어의 소통이 아니다.

바야흐로 우리가 느끼는 것들은
아무 말 없이 바라보는 자연의 감동과 같은 것

우리를 보듬는 것은
마음으로 바라보는 순수한 눈망울과 같은 것

우리의 마음을 울리는 것은
따뜻하게 맞잡은 주름진 손과 같은 것

따뜻한 마음의 화술
그와의 따사로운 시간이다.

이 책을 읽는 시간이
모두의 마음에 따사로운 시간이 되기를 바라며….

아스라이 속삭임

아스라이 속삭임

봄날 사이가 바특해진 진달래가 말했다
내가 창연한 하늘과 조금 더 친해진 것은 비밀이야

그러자 해님이 웃으며 말했다
한 뼘 더 발그레해졌구나
수줍고 부끄러워 진달래가
멋쩍게 웃는다

수줍은 봄날, 내 마음도 아늑하다

- 바특하다: 두 대상이나 물체 사이가 조금 가깝다.
  시간이나 길이가 조금 짧다.
  국물이 조금 적어 묽지 아니하다.
- 창연하다: 빛깔이 몹시 푸르다.
  날이 저물어 어둑어둑하다.
  물건 따위가 오래되어 예스러운 느낌이 은근하다.
- 아늑하다: 포근하게 감싸 안기듯 편안하고 조용한 느낌이 있다.
  따뜻하고 포근한 느낌이 있다.

냄비 속 바지락

뚜껑을 열어보고 싶은 궁금한 외모
순순히 얼굴을 보여주지 않는 너

뜨거운 냄비에서 조용히 침묵에 잠겨
고된 시간을 보내고 나니

뽀얀 너의 얼굴
살가운 너의 얼굴이

엄마의 사랑을 받아 배시시 간지럼을 탄다

잔잔히 스며드는, 행복

깨끄름한 아침 공기 마시며
나서는 아버지의 아침

다솜하는 아내와 아이들 생각하니
싱글벙글 가벼운 발걸음

오롯이 일하고 받은
오늘의 품삯

뉘엿뉘엿 해 지면
우리 똥강아지들 보러 재촉해본다

구수한 밥 짓는 내음 느끼며
오늘 같은 행복이 트기를,

내일도 동튼 햇살에 소소한 행복이 빙그시 노크하려나…

- 깨끄름하다: '깨끗하다'의 방언.
- 다솜: 애틋하게 사랑함. (순우리말) 사랑.
- 오롯이: 모자람 없이 온전하게. 고요하고 쓸쓸하게.
- 품삯: 품을 판 대가로 받거나, 품을 산 대가로 주는 돈이나 물건.
- 똥강아지: 어린 자식이나 손주에게 애정을 담아 귀엽게 이르는 말.
  다른 사람을 업신여기어 낮잡아 부르거나 이르는 말.
- 트다: 너무 마르거나 춥거나 하여 틈이 생겨서 갈라지다.
  식물의 싹, 움, 순 따위가 벌어지다.
  날이 새면서 동쪽 하늘이 훤해지다.
- 빙그시: 입을 슬쩍 벌릴 듯하면서 소리 없이 가볍게 한번 웃는 모양.

꽃들의 단짝

붕붕 빙빙 돌며 꽃을 향한 움직임
작은 날개를 단 달달한 미소의 집사

꽃대를 따라 살며시
흥얼거리면서 날파람이 인다

티없는 맑은 웃음
소리내 따라 웃어본다
눈바래기만 하고 있는 새들이 귀엽도록 지저귄다

고색창연한
오색찬란한
함박웃음 짓는 네 모습이 난연하다

- 날파람: 빠르게 날아가는 결에 일어나는 바람
　　　　　바람이 일 정도로 날쌘 움직임이나 등등한 기세를 비유적으로 이르는 말.
- 눈바래기: 눈으로 배웅한다는 뜻으로 떠나는 이를 멀리까지 바라보는 일.
- 고색창연: 오래되어 예스러운 풍치나 모습이 그윽함.
- 오색: 여러 가지 빛깔.
　　　　다섯 가지의 빛깔. 파랑, 노랑, 빨강, 하양, 검정을 이른다.
- 난연하다: 눈부시게 아름답다.
　　　　　　빛나는 것이 밝다.

이슥한 초여름의 사랑

초여름의 청량함을 그리워하며
수줍었던 그들을 그린다

그때의 그들은 낮볕에 서서 발 담그는 맑은 시냇물 같다

나무들은 그들의 낮볕 같은 사랑을 흐노니하고,
뙤약볕의 날씨도 서서히 걷히며 따사롭게 그들을 비추
고 있었다

뜨거운 햇살이 있어 맑은 시냇물이 차갑고,
시냇물의 차가움이 있어 햇살이 더 따사롭게 느껴지는
그들

그들은 서로 미소 지으며 뜨겁게 청량하게
서로를 바라보고 있었다

- 낮볕: 대낮에 쬐는 햇볕.
- 흐노니: "누군가를 몹시 그리워 동경하다"라는 순수 우리말.

싸라기별

어른한 은하수 이 땅에
"콩" 하고 떨어진 싸라기별들

소솜하게 가기 아쉬워
새벽녘 풍경 담아본다

그루잠 자던 풀잎에
이슬이 은은히 빛나고

올망졸망 새들이
집알이 하려 뽐내는 새벽

싸라기별들도 개는 하늘
마음속에 소중히 담아본다

- 소솜: 소나기가 한 번 내리는 동안이라는 뜻으로, 매우 짧은 시간을 이르는 말.
- 그루잠: 깨었다가 다시 든 잠.
- 집알이: 새로 집을 지었거나 이사한 집에 집 구경 겸 인사로 찾아보는 일.

자박자박, 설렘

새들이 명징한 아침
도탑게 지저귈 때

명랑한 꽃들이 새벽녘
청아한 새 꽃대를 피어올릴 때

장난스레 키재기하는
새싹들을 손끝으로 안을 때

그때의 감정이
아지랑이 새롭다

- 명징하다: 깨끗하고, 맑다.

아롱아롱, 고요함

자연의 소리 없는 기특한 발자국
한 뼘 더 자란 고요함이 기쁘다

새로 근질거리다 소리없이
기름하게 난 너의 이빨이 기쁘다

작은 어미새의 따뜻한 품속에서
깨어난 알들의 움직임이 기쁘다

고요함 속 상서로운 힘이
우리와 함께하고 있다는 것이 우리를 바특하게 한다

- 기름하다: 조금 긴 듯하다.
- 상서롭다: 복되고 길한 일이 일어날 조짐이 있다.
- 바특하다: 두 대상이나 물체 사이가 조금 가깝다.
  　　　　　간격이나 길이가 조금 짧다.
  　　　　　국물이 조금 적어 묽지 아니하다.

알싹달콤, 물회

싱그러운 해산물, 푸릇한 야채
부푼 꿈을 안고 가지란히 줄지었다

알싹달콤한 소스를 부어
한입에 녹여낼 때,

물회처럼 뒤섞인 우리 사는 삶
다만 시원하고 상큼하기를

마음 모아 싱그레 미소 보내며,
서로에게 한입 권해본다

위하는 마음

꽃이 피기 시작했다

고운님 떠나보내고
슬퍼하던 나에게

함께 발걸음 맞춰주는 이
나에게 또바기 걸어올 때

쌀쌀했던 내 마음에도
꽃이 피기 시작했다

최선을 다하여도
마음 같지 않은 날

찰나의 순간 불어온 바람이
나에게 토닥일 때

무심하던 내 마음속에도
꽃이 피기 시작했다

- 또바기: 언제나 한결같이 꼭 그렇게.

위하는 마음

잊혀진 정

애오라지 넉넉하지는 않지만
내 마음이에요

특별하지는 않지만
내 정성이에요

가족 같은 마음으로
나누던 정이 그립다

- 애오라지: 오로지를 강조하여 이르는 말.
  (부사) '겨우'를 강조하여 이르는 말.

느루한 사랑

나를 유독 이뻐하시던 할머니

어둑한 병실에 누워
이름을 부르지 못하시는 순간에
우리는 느꼈다

사랑을 거슬러 올라가기에는
켜켜이 많은 무수한 시간이
지나고 있었음을…

내 동생 물끄러미 바라보며
깨달음을 얻은 내리사랑이
그 세월만큼 켜켜이 다시 쌓이고 있다는 것을 느꼈다

- 느루: 한꺼번에 몰아치지 아니하고 오래도록.

어떤 배려

남모르게 어떤 이의
자리를 비워두는 것

잘 보이지 않는 작은 이를 위해
잠시 멈추어 기다리는 것

그 또는 그녀가 할 마지막 말
그치지 않고 기다려주는 것

마음의 평화 사라진 이에게
평화롭다 말하지 않는 것

내가 아는 것이 전부가 아닌
다른 이의 의견을 존중하는 것

나에게 평범한 것이
남에게 소소하다 말하지 않는 것

위하는 마음

흐뭇한 가로등

길가 사이사이 가로등
너는 눈을 깜박이지도 않네

그저 물끄러미 바라보며
비추고 있었지

깜빡일 새 없이 비추는 잔잔한 사랑이
웃자라고 있는 내 마음을 어루만지네

봄의 따순 사랑

봄 볕뉘의 작은 햇볕이 좋아
작은 화분 속 꿈틀대는 씨앗은
마음속의 광화를 숨기지 못해 땅으로 나왔다

마음속 조그만 다짐
햇살처럼 따스한 꽃을 피워야지

꽃샘바람 마시면서 피운 꽃 한 송이
봄의 따순 사랑을 받아 마냥 맑은 웃음 짓는다

- 따숩다: 날씨나 마음 등이 '따뜻하다'의 전라도 사투리.
- 볕뉘: 작은 틈을 통하여 잠시 비치는 햇볕.
  그늘진 곳에 미치는 조그만 햇볕의 기운.
  다른 사람으로부터 받는 보살핌이나 보호.
- 광화: 환하고 아름답게 눈이 부심. 또는 그 빛.
- 꽃샘바람: 이른 봄, 꽃이 필 무렵에 부는 쌀쌀한 바람.

위하는 마음

해님이 비에게 양보하는 날

그가 비에게 날씨를 양보하는 날은
따스한 햇살로는 더없이 부족한 슬픔과
시련을 가진 어떤 이를 위로하기 위함이다

어떠한 미소로도 위로가 되지 않아
같이 울어줄 이가 필요하기 때문이다

한 마디의 말보다도 함께 울어주며
내 마음 위로할 이 있다고 생각하도록

눈물과 슬픔이 다하는 날에 다시
그가 비추면 언젠가 다시금 미소를 지닐 수 있도록.

- 다시금: 다시의 강조.

보드랍다

숲에 살결 맞대었을 때
순진무구히 웃는 순수함이 보드랍다

바다의 진흙 밟았을 때
빼꼼히 눈 내밀고 인사하는 그 모습이 보드랍다

해님의 느루한 사랑 받았을 때
옴포동이 성장하는 이들이 보드랍다

- 보드랍다: 성질이나 태도가 억세지 않고 따뜻하다.
  　　　　　닿거나 스치는 느낌이 거칠거나 빳빳하지 않다.
- 느루: 한꺼번에 몰아치지 아니하고 오래도록.
- 옴포동이: 살이 올라 보드랍고 통통한 아이.

위하는 마음

그때, 그러한 이유

소소한 만남에도 애만지는 이유는
언젠가 헤어져야 함을 필연적으로
느끼기 때문이다

윗사람이 아랫사람을 넨다하는 이유는
받은 옛사랑의 그리움이 남아 있기 때문이다

연인들이 다솜하는 이유는
서로에게 잊혀지는 인연이 될 수 있다는 것을
어렴풋이 알고 있기 때문이다

그들이 아름답게 느껴지는 이유는
때와 정성을 다하는 순간이 느껴지기 때문이다

- 애만지다: 아끼고 소중하게 여겨 어루만지다.
- 넨다하다: 어린아이나 아랫사람을 사랑하여 너그럽게 대하다.
- 다솜하다: 애틋하게 사랑함(순우리말-사랑).

용서

그동안 수많은 이 용서하며
나 자신을 사랑하지 못한 것을 용서한다

다른 이 흔쾌히 받아들이고,
내 맘 한 켠의 외로움 잊고 있었던 것을 용서한다

한창의 시간이 지나는 동안
나를 돌보지 못했던 시간을 용서한다

사랑하기 좋은 계절

애틋하게 사랑을 피어 올리려면
새순 돋는 시기 기다려야 하고

청아하게 사랑을 솟아 올리려면
장미의 가시를 견뎌내야 하고

담담하게 사랑을 피어 올리려면
외로운 철새들의 마음 이해해야 하고

겨울철 시리게 사랑을 기다리려면
밟은 눈 발자국 없애지 않아야 한다

눌변, 그 곰살스러움

그들의 눌변에서 느껴지는 것은,

느리고 어색한,
혹은 저릿저릿하면서도
진정성이 느껴지는 한 단어 한 단어를
말한다는 것이다

조용히 내뱉으면서도
우스꽝스럽다며 웃는 이들과 마주 서서
용기 있고 대담한 말놀림을 가지고,
천천히 나아간다는 것이다

꾸미지 않은 그들의 참된 아름다움을
느끼게 한다는 것이다

- 곰살스럽다: 몹시 다정하고 싹싹한 데가 있다.

위하는 마음

그와 그녀의 감정

발아

씨앗에서 싹이 트는 그 기간
싹에서 발현된 그는
나와 인사를 나누지 않았을 뿐
그곳에 없는 것은 아니었다

그는 나와 같은 점에서 출발했지만
다른 이와 마찬가지로 같은 곳에 머물지는 않았다

우리는 같은 모양새가 아니었다는 사실에
안도하지만 완전히 다른 모습을 원하지는 않는 것 같다

- 발아: 초목의 눈이 틈.
  씨앗에서 싹이 틈.
  어떤 사물이나 사태가 비롯함을 비유적으로 이르는 말.
- 발현: 속에 있거나 숨은 것이 밖으로 나타나거나 그렇게 나타나게 함.
  또는 그런 결과.

마음

내 마음속 님은
너의 마음속 임인가

콩닥거리는 마음이
찌릿찌릿 수신호를 보낸다

너의 답을 기다리는 마음이
내 마음과 함께할 수 있다면
그것이 이 순간 제일 큰 행복이리

어쩌면 잠시 순간
세상을 다 얻은 것 같은 마음 한켠의 자리

우리, 눈높이가 같은 사이

우리, 손 내밀면 손을 잡고
뒤돌아선 모습을 보면
매초롬한 서로를 안아주지

조용히 꽃잠 든 어느 날은
이불을 덮어주며 토닥여 주고

어느 날은 손 내밀며
어깨를 내어줘

말 없는 눈길에도
사랑을 느끼는 사이

눈높이가 같은 우리

- 매초롬하다: 젊고 건강하여 아름다운 태가 있다.
- 꽃잠: 깊이 든 잠.
    결혼한 신랑 신부가 처음으로 함께 자는 잠.

오순도순 내 님

소소한 저녁 반찬에
함께 저녁을 먹을 내 님이 있다

고주리 미주리 들어주는
마주 보고 누워 싱그레 웃을 내 님이 있다

언제나 손 잡아줄
함께 헤쳐나갈 내 님이 있다

- 고주리 미주리: 아주 잘고 소소한 데까지 죄다 드러내는 모양.
- 싱그레: 눈과 입을 슬며시 움직이며 소리 없이 부드럽게 웃는 모양.

애정

너에 대한 그 마음
삶을 사랑하는 그 태도

모든 것이 나를 매료시킨다

청춘의 때

순간을 즐기며 행복하다 느끼는 때
마음에 순수함 잊지 않았을 때

마음 한 켠에 나이
모두 잊고 도전할 때

지위나 역할을 잊고
나를 위한 시간을 보낼 때

아직 남은 나의 생은 광화의 청춘
때가 늦은 청춘은 없다

- 광화: 환하고 아름답게 눈이 부심. 또는 그 빛.

벗

벗이 닦아주는 눈물은
더없이 아름다운 모습이어서
그래서 벗의 다른 말은 눈물이어라

벗 위해 지어주는 웃음은
더없이 행복한 모습이어서
그래서 벗의 다른 말은 웃음이어라

그래서 나도 언젠가는 내 옆의 벗에게 기대어
서슴없는 눈물과 웃음을 보이리라

외로움과 고독

혼자 있을 때에만 외로움을 느낀다면
고독은 아니다

고독의 다른 이름은

나의 마음을 이해하는 이 없어
많은 사람들 속에서 나만 혼자인 것을 느낄 때,

나의 말을 충심으로 들어줄 이 없어
무미건조한 대답만 하는 이에게서

돌봐줄 이 없이 쓸쓸하다 못해
텅 비어버린 나를 발견할 때이다

치유와 자연

자연의 혼

사람들은 감탄한다

자연이 집중하는
그것이 아름다워서

살뜰한 모습으로
정성을 다하는
그 모습에 빠져들었다

그리하여 나도
최선의 혼 다하기 전에
생각한다

오늘도 내가 맑은 꽃 한송이
피어올릴 수 있을까?

시나브로

바야흐로 끝나지 않을 것 같았던
긴 시간이 지나고,

옷깃 여미던 사람들의 옷차림
한결 가벼워질 때

꼬깃꼬깃 접어둔 주머니 속
소소하고 기쁜 마음
반가운 마음속 그 님

그 님
봄이라 청해본다

- 시나브로: 모르는 사이에 조금씩 조금씩.
- 바야흐로: 이제 한창. 또는 지금 바로.

치유와 자연

밤하늘, 별빛 한 줌

어스름한 밤
풀벌레가 맑은 밤공기 화음으로
밤하늘 빈자리 채울 때

총총 박힌 별들이 보이지 않아서
내 손 내 주머니에 가득 담으려 밤하늘 올려다본다

구름 뒤에 숨었던 달님이 환한 별의 반짝임 담고, 담아
내게 아른거린다

내 손 가득 별빛이 쏟아질 듯하다

- 어스름하다: 빛이 조금 어둑하다.
- 아른거린다: 무엇이 희미하게 보이다 말다 하다.
           잔무늬나 희미한 그림자 따위가 물결 지어 자꾸 움직이다.
           물이나 거울에 비친 그림자가 자꾸 흔들리다.

다독이다

말없이 안으며
슬픔에 토닥이며
눈물을 닦아주며

뜨듯한 말없는 다독임에는 말보다 큰 힘이 있다고.
나는 그저 너를 다독인다

한들한들 숨 쉬다

당신의 머무름은 철새의 이동 같은 것이며
마음의 쉼 필요하여 잠시 머무르는 여행 같은 것이다

그 머무름은 곧 치유의 손길이어서
그것이 다시 일어설 힘을 비축하게 할 것이다

어떠한 이유로든 잠시 멈춰 섰을 때
그것이 영원히 당신을 쉬게 하는 것은 아니다

그래 나에게도 감감함 아닌
머무름일 뿐

잠시 접었던 나래를 펼치자

- 감감하다: 멀어서 아득하다.
           소식이나 연락이 전혀 없다.
           어떤 사실을 전혀 모르거나 잊은 상태이다.
- 나래: 흔히 문학 작품 따위에서, '날개'를 이르는 말.
       '날개'보다 부드러운 어감을 준다.

허허바다

아무도 나의 슬픔 알지 못함에 서글퍼
너울치는 바다 앞에 가만히 섰다.

아직도 사무치는 너를 잊지 못하고
힘겨운 슬픔에 정처 없이 흔들렸다

내 영혼보다 훌쩍 커져버린 슬픔
바다로 떠나보내는 마음

이루 말할 수 없는 누군가의 슬픔이
아롱아롱 모여 허허바다가 되었구나

- 허허바다: 끝없이 넓고 큰 바다.
- 아롱아롱: 또렷하지 아니하고 흐리게 아른거리는 모양.

모래알

흙도 아닌 것이 진흙도 안 되는 것이
어디에서 긴 시간을 곱게 지내왔을까?

햇살 담은 눈부신
목새 같은 모습이

포도송이 펼쳐놓은 땅마냥
눈부시게 신새벽 수놓고 있다

- 목새: 물결에 밀리어 한곳에 쌓인 보드라운 모래.
- 신새벽: 첫새벽.

치유와 자연

은하

숨소리 대신 은하수 혹은
수놓는 별이 속삭이는 밤

너나 할 것 없이 누워
모닥불 소리로 안부 전한다

어리로운 푸새들도
소곤대는 말 듣고파 귀 귀울이고,

마음이 맑은 네가
자연 벗삼아 전하는 안부

언제고 떠올리며
다시 듣고픈 은하의 안부

- 은하: "맑은 날의 밤"을 뜻하는 순우리말.
- 어리롭다: 아리땁다. 귀엽다.
- 푸새: 산과 들에 저절로 나서 자라는 풀을 통틀어 이르는 말.

여유

우리가 싱그레한 자연에게 인사하면
이름 모를 풀꽃과 푸새풀들 반긴다

세상이 멈춘 것처럼 잠시 침묵하다가
"찬찬히 바라보며 말하는 법을 알려줄게요"

싱긋 웃으며 하는 그 말 한마디에 깊은 울림 느끼고,
세상 어떠한 말보다 소중하게 가슴 벅차온다

그래서 나는 그 자연 다시 보고 또 보러
다가가는 모양이다

- 싱그레하다: 눈과 입을 슬며시 움직이며 소리 없이 부드럽게 웃다.

치유

말없이 너의 모습을 본다
기대었던 시간들을 되돌아보며

든든한 네 어깨에 기대어 훌쩍였던 나는
이제 가만히 상처를 꺼내어 올리고,
너의 깊은 심장 소리로 치유를 느끼고 있다

쉼

산공기 내음

돋을볕 구경하러 산으로 들로 나서본다
맑은 마음으로 느끼는 기분
신선한 내음이 코끝으로 느껴진다

가슴에 쉴 통로가 필요할 때
산으로 들로 발걸음 재촉해보자

새벽이슬 맞은 푸새풀들 어루만지면
내 마음에 곳다운 향기 어리롭게 스친다

- 돋을볕: 아침에 해가 솟아오를 때의 햇볕.
- 푸새: 산과 들에서 저절로 나고 자라는 풀.
- 곳다운: 향기로운.
- 어리롭다: 아리땁다. 귀엽다.

사르르, 온기

따스한 오늘
두근거리는 조그만 온기 느껴본다

밤새 조그만 낙엽 이불 덮고
솔솔 오는 잠 청했던 숲 식구들도

따수운 낙엽 이불 개며 봄 식구들을 위한
손바닥 온기 내어본다

그래 온기와 함께 겨우내 기다렸던
봄 식구들 쪼르르 줄지어본다

바다와 꿈

인생에 있어 크게 기억해야 할 일은 밀물과 썰물뿐
인생의 복됨과 크게 부푼 꿈들이 사실은 차츰 멀어져
아련한 기억으로 남는다는 사실이다

혹은 잊고 싶은 사실들과 시련의 아픔도 언젠가 다시금
잊혀지는 썰물과 같다
서글프고 아팠던 기억들도 단순한 밀물과 썰물로 침잠
하게 된다는 것을 기억하자

곧 가슴 시원해져 평화로운 시간 찾아올 때
바다는 다시금 밀물과 썰물로 답할 것이다

무지개

사람들이 살아가는 모습을 가득 담은 것
바로 그것일까? 무지개가 일곱 빛깔을 가지는 것이

누군가에게는 기쁜 일이 다른 누군가가 느끼기에는
슬픔과 공존하고,
저 멀리 아스라이 희미하게 닿을 듯 말 듯한 느낌으로
느껴지는 희망의 선율들
그것으로 사람들이 잡힐 듯 말 듯한 무지개를 위해
인생의 단맛과 쓴맛을 경험한다는 것을

애교

사랑스러운 그 눈길
초롱한 그 눈망울이

찡긋거리는 콧잔등
싱긋한 그 표정이

오물거리는 입모양
그 귀여운 몸짓이

문득 떠올라 단댓바람에
잔즐거리고 있다

- 단댓바람: 단 한 번에 바로.
- 잔즐거리다: 입술 따위를 잇따라 약하게 움직이다.
  입가에 웃음이 약간씩 떠오르다.

대지

대지에서 느껴지는 아름다움은

산보하는 어느 새벽
홍조를 띤 어여쁜 바다를 보며
햇빛이 참 볕바르다 생각했지

나도 누구에게든 볕바른 햇살처럼
따스한 기운으로 남겠다 생각했지

- 홍조: 아침 해가 바다에 비치어 붉게 물든 경치.
  부끄럽거나 취하여 붉어짐. 또는 그런 빛.
- 볕바르다: 햇볕이 바로 비치어 밝고, 따뜻하다.

쉼

조곤조곤히 다가오는

계절은
꽃잠 자던 목련이 매무새를 다듬고,
나무들이 볕바램을 받을 것처럼 뜨거운 햇살의 입김을 받으며 성장하며,
와짝 다가온 서늘바람에 열매를 맺고,
고목나무 밑에서 겨울잠 자며 피둥피둥 살찌우는 월동을 준비하기 바쁘다

그렇게 온새미로 보내고 나니 어느새 나도 새로운 계절을 마중하고 있다

- 매무새: 옷, 머리 따위를 수습하여 입거나 손질한 모양새.
- 볕바램: 햇볕을 오랫동안 받아 원래의 색깔이 바래게 되는 일.
- 와짝: 갑자기 많이씩 늘어나거나 줄어드는 모양.
  기운이나 기세가 갑자기 커지는 모양.
  여럿이 달라붙어 일 따위를 단숨에 해치우는 모양.
- 피둥피둥: 통통한 살이 윤택하고 탄력이 있는 모양.
  볼썽사나울 정도로 살쪄서 꽤 통통한 모양.
  남의 말을 잘 듣지 아니하고 엇나가는 모양.
- 온새미로: 가르거나 쪼개지 않고 생긴 그대로. 자연 그대로.
  "언제나 변함없이"라는 뜻의 순 우리말.

피어오름

형식 없는 아름다움
저마다 다른 얼굴이지만

그 여유로움과 솔직함이 서로를 쉬게 한다

자유로운 숨통
저마다 다른 빛깔이지만

그 말없는 포용력과 때묻지 않은
마음이 서로를 성장케 한다

고목나무

텅 비어 있는 너
언제부터였을까?

묵묵히 살아내면서
자신은 비워 온 세월

터덜터덜한 주름살 사이로
조용히 손 내밀어본다

어딘가 누군가와 닮아 있는 듯하다

예스러운 것 혹은 그리움

힐끗하게, 우리의 멋

비단 같은 또는 바스락한 거친 매력,
손끝으로 만져지는 다양한 촉감

단아하게 주름진 치맛단
한 폭 두 폭 싸여진 화폭 같은 아름다움
우리다운 멋 태가 사는 맵시

양 나래에 소담한 색채
춤사위가 어우러질 듯한 소매자락

손끝으로 짜여진 아름다운 색과 고운 선들
대비되는 아담한 색 넘실거리는 우리의 멋

푸릇푸릇한

잔풀나기 때 내 마음도 싹튼다
겨우내 움츠린 마음

파릇파릇한 봄날에
햇살 받은 보송보송한 새싹들이 재잘대며 말한다

올겨울 유난히 추웠던 해토머리에서
드디어 봄이 왔다고, 겨울에게 다시금 길고 긴
작별을 고할 때가 다시 왔노라고.

- 잔풀나기: 잔풀이 싹 트는 때라는 뜻으로, '봄철'을 이르는 말.
- 해토머리: 얼었던 땅이 녹아서 풀리기 시작할 때.

청주

빛 있는 맛과 고요한 품격을 갖춘
시냇물과 같이 맑지만 윤슬과도 닮은

물처럼 이롭고도 여유로운
깨끗한 우리의 얼을 담은
다솜한 사랑 담아 님께 전하는 한잔

- 빛 있다: 곱거나 아름답다.
- 윤슬: 햇빛이나 달빛에 비치어 반짝이는 잔물결.
- 다솜: 애틋하게 사랑함(순우리말). 사랑.

그들을 사랑한, 글

화려하지는 않아도
소박하고 예스럽다 한다

내세우지는 않아도
쓸수록 순수하고, 아름답다 한다

잊고 있을지 모르지만
치런치런하도록 그들을 위하는 글

또렷한 얼을 담은 글자로
그들을 위한 사랑이 마안하다

- 치런치런하다: 액체가 그릇에 그득 차 가장자리에서 넘칠 듯 말 듯하다.
- 마안하다: 끝없이 아득하게 멀다.

아가

아가, 움틀대며 우리를 설레게 하던 네가
어느덧 훌쩍 커 내 나이만큼 혹은
그보다 더 큰 삶의 무게를 느낄 때,
무색하지만 다정하고 나지막히 부르고 싶은
마음속 그 말, 잊히지 않으리라

그리고 그 삶,
손자와 손녀가 그 되어
우리 삶의 주름진 곳 맞잡았을 때,
다만 되풀이된 기쁜 삶,
아가, 너희에게 미소를 얻는다

아량

속이 꽉 막히고 답답함을 느끼면

한 모금 마시면 알알이 씹히는
고즈넉한 식혜가

목적지를 향해 멀리
가로지르는 새들의 날갯짓이

손 뻗으면 닿을 듯
손짓하는 드넓은 하늘이

그늘에 가리워진 나무에 붙어,
시원하게 울어대는 매미가

나에게 말없는 아량을 베푼다

- 아량: 너그럽고 속이 깊은 마음씨.

예스러운 것 혹은 그리움

들크무레하다

쌉스름한 맛에
슴슴한 미소를 가진 산나물과

햇살 담은 깊은 맛에
강렬한 인상을 가진 고추장과

다정하고 친근한 맛에
꼬수운 내 나는 들기름과 참기름을

한데 어우러지게 하는
달짝지근하고, 들크무레한 맛

- 들크무레하다: 거칠고 투박하다(강원도 방언).
- 슴슴하다: 심심하다. 싱겁다(전라북도 방언).

찰나의 동경

걸음마 떼며
말 한마디 듣는 것을 동경했었다

혼자 타는 자전거를
부러워하며 아버지를 동경했었다

언젠가 다솜하는 그의 도시적인
마음을 동경했었다

친구들의 멋진 커리어와 능력을
동경했었다

그리하여 잊혀진 언젠가는 다시
창밖을 바라보며 뛰노는 아이들을
동경하게 되었다

- 다솜: 애틋하게 사랑함. (순우리말) 사랑.

자크르하다

부러 그런 것은 아니지만
불퉁가지 뾰로통한 네 얼굴

마음이 상클하게
화해하고파 먼저 내미는 손길

환하게 싱그레 웃는
나와 네가 이 순간 딱 자크르하다

- 자크르하다: 딱 알맞게 좋다.
- 불퉁가지: 순하지 않고 퉁명스러운 성질.
- 상클하다: 보기에 시원스럽고 좋다.
- 싱그레: 눈과 입을 슬며시 움직이며 소리 없이 부드럽게 웃는 모양.

마음의 존경

존경, 그 마음은 보살피던 마음의 감사
그것이 전부는 아니었다

할머니의 손끝, 알싸한 마늘향에서
느끼는 복합적인 감정, 그 무엇이었다

삶의 지혜

사람들은 어수룩한 노인에겐
부러울 것이 없다고 말했다

하지만 노인은 말했다
삶에서 가장 부러운 것은
이루고 나면 아무것도 아니라네

어떤 면에서는 부러울 것이 없는 삶
그것이 삶을 살아가는 지혜일 테지...

사람들은 그의 말을 흘려들었고,
먼 훗날 백발의 노인이 되었을 때 즈음
그들은 노인의 삶을 이해하게 되었다